DES MESURES PROPRES
A
PRÉVENIR LES COLLISIONS
SUR LES
CHEMINS DE FER

PAR M. C. COUCHE,
Ingénieur des mines,
PROFESSEUR A L'ÉCOLE DES MINES.

PARIS.
CARILIAN-GOEURY ET V^{OR} DALMONT,
LIBRAIRES DES CORPS IMPÉRIAUX DES PONTS ET CHAUSSÉES ET DES MINES,
Quai des Augustins, 49.

Novembre 1853.

DES MESURES PROPRES

A

PRÉVENIR LES COLLISIONS

SUR LES

CHEMINS DE FER.

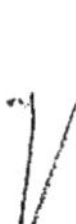

PARIS. — IMPRIMÉ PAR E. THUNOT ET Ce,
Rue Racine, 26, près de l'Odéon.

DES MESURES PROPRES

A

PRÉVENIR LES COLLISIONS

SUR LES

CHEMINS DE FER

PAR M. C. COUCHE,

Ingénieur des mines,

PROFESSEUR A L'ÉCOLE DES MINES.

PARIS.

CARILIAN-GOEURY ET Vor DALMONT,

LIBRAIRES DES CORPS IMPÉRIAUX DES PONTS ET CHAUSSÉES ET DES MINES,

Quai des Augustins, 49.

Novembre 1853.

DES MESURES PROPRES

À

PRÉVENIR LES COLLISIONS

SUR LES CHEMINS DE FER.

Un fait frappe surtout dans la merveilleuse révolution opérée par les chemins de fer dans les conditions des transports : c'est que l'accroissement de la sécurité a marché de front avec l'accroissement en quelque sorte illimité de la vitesse, résultat inespéré et qui est une des propriétés les plus précieuses de cette grande invention, la gloire de notre siècle.

Sécurité absolue que présente, en France, le matériel mobile.

Dès aujourd'hui, on ne le remarque pas assez, le matériel mobile est en France du moins tout à fait hors de cause dans les sinistres qu'on a parfois à déplorer. Sous ce rapport nos ateliers de construction ont atteint à peu près la perfection ; qui n'eût taxé un semblable résultat de chimérique, lorsqu'il y a douze ans à peine, la rupture d'un essieu de machine plongeait tant de familles dans le deuil et le public tout entier dans la stupeur ?

Deux chances d'accidents subsistent encore.

Malheureusement, l'expérience le prouve, deux chances d'accidents subsistent encore : les déraillements, et surtout les collisions.—A diverses reprises, de longues périodes s'écoulent sans que les voyageurs qui circulent par millions sur nos voies de fer payent le moindre tribut à la fatalité ; mais de loin en loin de funestes exemples viennent rappeler que les chemins de fer subissent encore cruellement la loi ordinaire des œuvres humaines, l'imperfection : et que la moindre négligence peut entraîner des suites terribles. L'opinion s'alarme alors d'autant plus vivement, qu'elle s'était abandonnée à une sécurité plus complète.

Qu'une diligence verse, qu'elle fasse plusieurs victimes, c'est un malheur local, ignoré dans les départements voisins. Qu'un accident du même ordre survienne sur un chemin de fer, le pays entier s'en préoccupe, la presse l'enregistre, on en commente tous les détails, il prend en un mot les proportions d'un désastre public; et en cela, hâtons-nous de le dire, l'opinion n'est que juste. Les chemins de fer possèdent un monopole, nécessaire sans doute; mais il faut, pour le légitimer, qu'ils fassent mieux que les moyens de transport auxquels ils se substituent, et la première condition n'est-elle pas de donner plus de gages à la sécurité des voyageurs?

D'ailleurs, dans cette émotion profonde qu'excitent même au loin les accidents de chemin de fer, il y a comme une appréciation instinctive de la signification réelle de ces événements : l'organisation même des chemins de fer, l'uniformité des règles générales qui président à leur exploitation, semblent faire peser sur tous les autres, comme une menace permanente, les chances contraires dont l'un d'eux a été victime.

Mais si les sévérités de l'opinion sont légitimes dans leur principe, ses défiances sont souvent irréfléchies, ses récriminations portent souvent à faux. On se révolte contre les imperfections qui subsistent, contre ce qui reste à faire pour atteindre le but — une sécurité absolue; — mais on ne regarde pas en arrière, on ne tient pas assez compte des progrès accomplis; on attaque des principes tutélaires, on en prône d'autres sur la foi de trompeuses apparences.

Discuter et dissiper des préventions fâcheuses, des défiances exagérées, exposer en peu de mots les garanties offertes à la sécurité, indiquer, s'il se peut, quelques mesures propres à les rendre plus complètes, tel est l'objet de ce travail.

1° CHEMINS DE FER A DEUX VOIES.

Trains ordinaires.

Des ordres de service fixent les heures d'arrivée, de départ, et en général toutes les circonstances de la marche des trains ordinaires : les relations de position normales des trains circulant à un même instant sur chaque voie sont ainsi déterminées. **Trains ordinaires.**

Si tout se passait conformément aux prévisions du tableau de service, tout serait dit; mais cette régularité absolue, but vers lequel doivent tendre tous les efforts, il est souvent impossible d'y atteindre. La marche des trains est soumise à l'influence d'une foule de causes accidentelles. Une affluence imprévue de voyageurs, — un vent contraire, — une boîte qui chauffe, — une rupture de pièce, d'ailleurs sans conséquence, — des rails gras, etc., ralentissent les trains; un éboulement, une avarie de la machine, etc., peuvent les arrêter tout à fait.

Chaque jour les progrès de l'art atténuent l'influence de ces causes; mais elles subsistent et subsisteront longtemps encore.

Les relations de position assignées aux trains par les ordres de service seraient donc gravement troublées si une intervention incessante n'était là pour renfermer ces perturbations dans les limites nécessaires, pour maintenir entre les trains des distances telles que toute collision soit impossible.

C'est l'objet essentiel des signaux.

Signaux.

La voie doit être libre, ou couverte : tel est le principe absolu dont les signaux doivent assurer la rigoureuse exécution. **Signaux.**

Dès qu'un obstacle à la circulation, quelle que soit sa nature, existe sur un point quelconque de la voie, sa présence doit être immédiatement signalée *en amont,* c'est-à-dire dans le sens où un train peut survenir, et le signal ne doit disparaître que quand l'obstacle lui-même a disparu. Un train, même passant à l'heure et avec la vitesse réglementaires est, en vertu de ce principe, considéré lui-même comme un obstacle passager et *couvert* dès lors de distance en distance par un signal, pendant l'intervalle de temps réglementaire qui doit séparer deux trains consécutifs; mais le signal, ne pouvant suivre le train, est fait seulement de distance en distance, en des points d'autant plus rapprochés d'ailleurs que le chemin est plus contourné.

Le chemin fût-il partout en alignement droit, le mécanicien ne pourrait, même pendant le jour, constater à temps, par lui-même, s'il est parfaitement praticable. Avec un moteur qui « dévore l'espace, » cette garantie, suffisante contre un obstacle aussi visible qu'un train ou un wagon, est nulle quand il s'agit d'un obstacle à peine sensible à quelque distance, aussitôt atteint qu'aperçu, comme ceux que dispose quelquefois la malveillance, l'enlèvement d'un coin de joint, etc.

Si l'obstacle est constaté dès qu'il existe, s'il est immédiatement signalé vers l'amont à une distance suffisante, les trains pourront être retardés, arrêtés, le service déréglé, interrompu, mais toute collision sera impossible.

Les garde-lignes, et le personnel des trains, sont chargés d'assurer l'exécution de cette condition fondamentale. La responsabilité de l'initiative du signal appartient d'ailleurs aux agents de l'une ou de l'autre catégorie, mais suivant des règles parfaitement déterminées.

Garde-lignes.

Les garde-lignes échelonnés sur la voie ont pour fonctions :

1° De couvrir par un signal de ralentissement ou d'arrêt tout obstacle dont ils ont constaté l'existence par eux-mêmes, ou qui leur est signalé par un agent d'un train en détresse vers l'aval;

2° De déjouer les tentatives de la malveillance;

3° De faire les menues réparations d'entretien courant et de signaler aux piqueurs les points qui exigent l'intervention des équipes d'entretien.

La cause qui exige le signal peut être :

1° L'état de la voie;

2° Le passage d'un train marchant avec la vitesse normale;

3° Le ralentissement ou l'arrêt d'un train.

Dans le premier cas, — le plus rare des trois, — et dans le

second, qui se reproduit au contraire à chaque passage de train, c'est au garde-ligne qu'appartient la responsabilité du signal. Dans le troisième, c'est le train lui-même qui doit en prendre l'initiative. Un conducteur expédié par le chef du train *remonte* la voie, muni du signal, jusqu'à ce qu'il rencontre le garde-ligne, par lequel il fait couvrir le train : il retourne alors à son poste. Mais s'il a parcouru, sans rencontrer un garde, la distance réglementaire qui doit séparer le signal de l'obstacle, il attend le garde et le supplée jusqu'à son arrivée.

Ces règles sont simples : bien observées, elles suffisent évidemment. L'effectif du personnel qu'exige leur exécution complète dépend d'ailleurs de l'importance du trafic et des conditions du tracé.

Signaux fixes.

Signaux fixes des points dangereux.

Ce n'est pas seulement en vue de réduire cet effectif, mais aussi pour rendre plus infaillible encore, et en même temps plus explicite, l'application des signaux à certaines parties de la voie qui doivent être plus spécialement couvertes, qu'on a introduit les signaux fixes *des points dangereux.*

Cette dénomination comprend trois catégories de points distinctes. Certaines parties de la voie sont réputées dangereuses parce que le mécanicien n'a devant lui, à l'instant où il s'y engage, qu'un horizon très-peu étendu : telles sont les tranchées en courbe. D'autres, parce que les voies de circulation y sont plus souvent occupées qu'ailleurs : ce sont les passages à niveau, et surtout les stations. D'autres enfin, parce qu'elles se compliquent de la présence d'un mécanisme, ce sont les points où la voie principale se bifurque ou se ramifie. (Les stations rentrent aussi dans cette catégorie par les changements de voie, simples ou doubles, qu'elles renferment souvent en grand nombre. Je reviendrai plus bas sur ce point.)

L'application des signaux portatifs aux stations exigerait à chaque arrêt de train, à chaque manœuvre de gare, l'envoi d'un agent à plusieurs centaines de mètres en amont, son séjour souvent prolongé en ce point, son rappel dès que le signal cesserait d'être nécessaire. Avec un signal fixe, un agent n'est plus absorbé par ces fonctions inertes, et devient disponible pour le service actif de la station. Il n'a même plus à se déplacer, car le signal se manœuvre de la station même.

Deux dispositions différentes des signaux fixes.

Cet appareil, formé essentiellement d'un disque parallèle ou normal à la voie, suivant qu'elle est libre ou non, peut être disposé de deux manières différentes. Ou bien il est placé à l'entrée de la station, et c'est alors en lui donnant une grande hauteur qu'on le rend visible de loin; ou bien c'est le signal lui-même qui est transporté à 4 ou 500 mètres de la station, assez loin, en un mot, pour que le mécanicien, à l'instant où il l'aperçoit, ait encore le champ libre pour agir en conséquence. Le signal est alors manœuvré à distance de la station même, au moyen d'une transmission de mouvement d'un effet parfaitement assuré.

Le même système s'applique avantageusement aux courbes de la voie; à la vérité il n'a plus, comme pour les stations, la propriété d'assurer sans aucun personnel spécial, l'exécution des signaux. Mais du moins le garde-ligne n'est plus comme avec les signaux portatifs, périodiquement cloué pour ainsi dire, sur le même point de la voie, et peut vaquer à son service de surveillance; il a seulement à faire en temps utile les deux manœuvres inverses, en agissant sur le disque soit immédiatement, soit à distance au moyen d'un levier installé en un point convenablement choisi.

L'utilité de ce genre de signaux n'est pas moins évidente pour les changements de voie des embranchements (1), et pour les passages à niveau dont le garde, retenu sur place pendant qu'ils sont livrés à la circulation ordinaire, ne peut se porter à distance pour les couvrir. Peut-être l'application plus complète des signaux fixes à cette classe de points dangereux eût-elle prévenu des accidents nombreux, qui ne justifient que trop les critiques dont ces passages sont l'objet.

Pendant la nuit le disque reçoit un fanal qui émet horizon-

---

(1) Voir la note A.

talement deux faisceaux de lumière; l'un parallèle au disque est blanc: l'autre perpendiculaire au premier, et dès lors visible de la voie, seulement quand le disque est normal à celle-ci, est rouge et commande l'arrêt.

Danger que présentent certains signaux fixes pendant la nuit.

Les signaux nocturnes ont sur les signaux diurnes, l'avantage d'être plus visibles : mais pour les signaux fixes cet avantage est quelquefois compensé par un inconvénient sérieux. Pendant le jour, la manœuvre du levier de transmission suffit pour garantir que le point dangereux est couvert; pendant la nuit, il faut de plus la certitude que le fanal est allumé; or il peut être éteint par la malveillance, par un vent violent, par suite d'un défaut d'alimentation, etc., et alors la sécurité même qu'inspire la manœuvre du levier peut entraîner de graves désastres, surtout dans les stations. Il est probable que plus d'un accident est dû à cette cause. On ne peut en effet regarder comme le point dangereux couvert alors par le fait même de *l'obscurité* du signal dont le mécanicien doit connaître la position, et dont l'état anomal doit le frapper. Tout ce qu'on peut exiger d'un mécanicien, c'est qu'il voie les signaux visibles; mais prétendre qu'il remarque à coup sûr l'obscurité de ceux qui devraient être lumineux et qu'il agisse comme si l'arrêt lui était commandé, ce serait tout simplement compter sur l'impossible, ou peu s'en faut. La responsabilité du signal couvrant un point dangereux doit d'ailleurs retomber tout entière sur les agents chargés de la surveillance de ce point.

Renvoi d'un faisceau lumineux vers la station.

Il est donc indispensable qu'on puisse de la station même vérifier à chaque instant si le fanal est allumé. Un petit faisceau de lumière renvoyé vers la station par la mèche placée au foyer commun des deux réflecteurs paraboliques, remplit parfaitement ce but, mais les conditions locales ne se prêtent pas toujours à cet arrangement. Il serait prudent alors de considérer le signal fixe comme non avenu *pendant la nuit*, et de revenir, conformément au principe général, à l'expédient moins simple mais plus tutélaire dans ce cas, du signal portatif.

Précaution élémentaire dans l'usage des signaux fixes en courbe.

L'usage des signaux fixes manœuvrés à distance, exige d'ailleurs une précaution élémentaire. Si une station est précédée d'une courbe qui dérobe à la vue la portion de voie comprise entre elle et le signal qui la protége, on ne peut évidemment la regarder comme couverte et occuper la voie de circulation, qu'après avoir laissé écouler le temps très-court que met un train à parcourir la distance du signal à la station. Il est possible, en effet, à l'instant où on tourne le signal, que la tête d'un train l'ait déjà dépassé. Une collision a eu lieu il y a quelques années, près de Paris, par suite de l'inobservation de cette règle si évidente.

Signaux à horloge.

On a expérimenté d'autres signaux fixes destinés à indiquer d'eux-mêmes à chaque train sa situation *en temps*, relativement à celui qui le précède. Tels sont les mâts à horloge, dont l'aiguille est ramenée à zéro par une pédale que fait jouer chaque train. Cette aiguille indique ainsi constamment le temps écoulé depuis le passage du dernier convoi; mais on a renoncé avec raison à ces appareils, dont la manœuvre spontanée n'est pas assez sûre, et qui constituent un grave danger par la sécurité trompeuse qu'inspire une fausse indication.

Disposition proposée pour qu'un train entrant en courbe *se signale de lui-même* au train suivant en l'absence du garde-ligne.

Est-il impossible cependant qu'un train s'engageant dans une courbe laisse à l'entrée une trace évidente de son passage, et l'intermédiaire d'un garde-ligne est-il indispensable pour cela? Livrée à elle-même, l'action purement mécanique du train est rejetée avec raison comme suspecte; mais ne peut-on pas, en la simplifiant, en ne lui demandant pas une indication aussi explicite que celle de l'heure du passage, en la soumettant à un contrôle intelligent et responsable, — celui du personnel du train, — fonder sur elle un signal complémentaire d'un effet assuré? Si la vitesse oppose à la réalisation d'une idée si naturelle des difficultés sérieuses, le succès de quelques tentatives faites dans un tout autre but semble démontrer qu'elles ne sont nullement insurmontables. L'échange sans arrêt, sans ralentissement même, des sacs de dépêches, a été, à plusieurs reprises, soit en France, soit en Allemagne, l'objet d'expériences suivies, et qui mettent hors de doute la possibilité de l'application.

L'extension du même principe à la production des signaux

se comprend d'elle-même : à l'instant où le train entrerait en courbe, le bras du poteau accrocherait, exactement comme cela se fait pour le sac de dépêches, un corps d'une faible masse, assez volumineux, tel qu'un ballon d'osier, peint en rouge. Le conducteur-chef serait chargé de disposer d'avance ce signal sur le côté du wagon, et de constater si l'appareil a fonctionné. Le garde-ligne, trouvant un de ces signaux, l'enlèverait, sauf à faire lui-même, en cas de besoin, le signal de ralentissement ou d'arrêt pendant quelque temps. Un train rencontrant un poteau avec son signal en conclurait qu'un train le précède à peu d'intervalle, ou plus exactement qu'un train est passé en ce point *depuis la dernière tournée du garde-ligne;* le mécanicien devrait dès lors ralentir, de manière à être complétement maître de son train jusqu'à ce qu'il eût franchi la courbe, ou atteint le garde.

Fonctions du garde-ligne à l'égard des signaux *déposés* par les trains.

L'application du même principe aux signaux de nuit serait sujette au reproche adressé plus haut aux signaux-disques dont l'état ne peut être à chaque instant vérifié. Mais le service de jour est plus actif et plus compliqué que le service de nuit, et des mesures utiles ou même indispensables pour l'un peuvent être superflues pour l'autre (1).

Je n'indique cet expédient qu'avec réserve : ce n'est assurément pas en accumulant les complications qu'on donne des gages réels à la sécurité : le cachet des mesures vraiment protectrices est la simplicité. Mais peut-être ne refusera-t-on pas absolument ce caractère à celle dont il s'agit si l'on remarque que la manœuvre serait infiniment plus simple et plus sûre que pour le service des dépêches. D'un côté, en effet, il n'y a

Motifs qui paraissent justifier un essai de ce système.

---

(1) Le dernier garde-frein du train de marchandises ne pourrait-il pas faire lui-même le signal, en laissant tomber sur la voie un objet de forme et de volume appropriés, attaché à une ficelle qu'il laisserait filer, et qu'il couperait dès que cette masse aurait perdu sa vitesse, et occuperait *sur l'accotement ou sur la voie* une position convenable ?

Ne conviendrait-il pas aussi que les trains, ceux de marchandises surtout, fussent munis de quelques fusées, qu'ils tireraient de temps en temps en cas de retard dans la marche, et surtout quand ils s'engageraient dans des courbes ?

plus d'échange à opérer, et de l'autre c'est surtout pour les trains *à marche lente* que le *dépôt* d'un signal serait véritablement utile.

Complication du double service de la grande et de la petite vitesse sur les lignes à grand trafic.

Une des difficultés les plus graves de l'exploitation des chemins à grand trafic résulte, en effet, de la nécessité de combiner sur les mêmes rails deux services dont les conditions sont très-différentes : la grande et la petite vitesse. L'intervalle qu'il est possible de ménager, au départ, entre un train de marchandises et un train de voyageurs est bientôt racheté par la différence de marche ; et les trains lents sont obligés de se garer de distance en distance pour céder le pas aux trains rapides, dont le service ne doit pas se ressentir de la lenteur relative des premiers et des retards accidentels qu'ils éprouvent.

Voies de garage.

C'est naturellement dans les stations, ou tout près d'elles, que les voies de garage sont placées. Il serait utile que toutes les stations dont la disposition s'y prête en fussent pourvues. Cela suffirait d'ailleurs presque toujours, les sections dans lesquelles les stations sont les plus rapprochées étant ordinairement aussi celles sur lesquelles circule le plus grand nombre de trains. Si d'ailleurs l'intervalle des stations était trop grand, rien n'empêcherait d'établir des voies de garage intermédiaires : il suffirait pour écarter toute chance d'accidents par suite d'une fausse position des aiguilles, de cadenasser le levier dans la position ouvrant la voie principale. Le conducteur-chef de chaque train de marchandises serait muni d'une clef, et ouvrirait la voie de garage s'il jugeait nécessaire d'y faire entrer le convoi. Presque tous les règlements attribuent déjà aux conducteurs-chefs cette faculté d'appréciation, exprimée même en termes qui ne présentent peut-être pas toujours toute la précision désirable (1). Il semble qu'il conviendrait de stipuler, autant que possible, et le retard et la réduction de vitesse à partir desquels le garage devient obligatoire, soit dans les stations, soit en dehors, s'il y a lieu.

Une grande différence de vitesse et la fréquence des trains

(1) Voir la note B.

constituent un danger d'autant plus sérieux qu'elles aggravent non-seulement les chances de collision, mais aussi les effets de la collision elle-même, si elle a lieu. Il y a un moyen très-direct d'atténuer ce danger : c'est d'attaquer la cause elle-même en réduisant le nombre des trains à marche lente, c'est-à-dire d'employer des machines d'une grande puissance capable de remorquer des trains très-lourds. On concilie même ainsi deux résultats qui s'accordent rarement : la sécurité, et l'économie. Quelquefois cependant on est conduit à sacrifier plus ou moins celle-ci en accélérant la marche des trains de marchandises, pour débarrasser plus rapidement les voies (1).

Réduction du nombre des trains à petite vitesse par l'emploi de machines très-puissantes.

Mais ce ne sont là que des palliatifs. La rigoureuse exécution des mesures indiquées peut d'ailleurs, sans contredit, garantir la sécurité dans une exploitation même fort active, mais à condition de les appliquer largement, sans parcimonie. Les chances de déréglement dans la marche des trains croissent, et les dangers de collision entre des convois conservant à peu près la marche normale surgissent, avec le développement du trafic; il faut donc que la puissance des moyens de préservation croisse également, c'est-à-dire qu'il faut faire intervenir à intervalles plus rapprochés les signaux régulateurs, augmenter le personnel de gardiennage.

Nécessité de proportionner le personnel de gardiennage à l'activité du trafic.

Il n'y a pas lieu, d'ailleurs, de chercher à fixer un chiffre absolu; à égalité de trafic, l'effectif peut et doit varier avec le tracé du chemin, et les rapprochements qu'il serait facile d'établir à ce sujet seraient médiocrement significatifs; c'est seulement par la discussion complète des éléments propres à chaque ligne qu'il est possible d'assigner le chiffre qui lui convient.

L'efficacité des signaux visuels peut être paralysée d'une manière plus ou moins complète par une cause assez fréquente dans nos climats, et sur laquelle on n'a que peu de prise, le brouillard. On la combat jusqu'à un certain point, pendant le

Surcroît de précautions nécessaire en cas de brouillard.

(1) Voir la note C.

jour, par l'application des signaux de nuit; mais cet expédient est insuffisant contre un brouillard épais; celui-ci constitue un danger réel auquel on ne peut opposer qu'un redoublement d'attention et de prudence de la part du personnel de la voie et des trains, une connaissance approfondie de la voie chez le mécanicien, l'usage très-fréquent du sifflet, et en général, autant que possible, l'emploi des signaux acoustiques qui ne suppléent malheureusement que d'une manière très-imparfaite à l'insuffisance des signaux visuels.

Signaux détonants. Leurs inconvénients.

Les signaux détonants de Cooper, souvent prônés, sont suspects comme tous les signaux abandonnés à eux-mêmes; ils ont d'ailleurs un grave défaut, c'est que l'humidité affaiblit beaucoup leur propriété explosive, inconvénient très-sérieux pour des objets dont l'emploi est très-rare (1). Mais, comme il est facile de les multiplier, ils peuvent, à défaut de signaux visuels, rendre de véritables services; aussi leur emploi est-il admis aujourd'hui sur la plupart des chemins de fer, mais seulement dans deux cas : impossibilité absolue de faire les signaux ordinaires, brouillard assez épais pour mettre ceux-ci en défaut.

C'est surtout sur les lignes dont le tracé est le plus favorable que le brouillard constitue un danger sérieux.

C'est précisément pour les lignes les mieux partagées sous le rapport des garanties de sécurité naturelles, c'est-à-dire composées surtout de longs alignements droits, que le brouillard est une source de dangers. Le personnel de gardiennage y est en effet restreint, et devient par suite tout à fait insuffisant en présence d'une éventualité qui prive temporairement le chemin de fer d'un des bénéfices de son tracé. Peut-être serait-il possible de mettre immédiatement alors en réquisition, dans toutes les gares, tout le personnel qui n'y est pas rigoureusement indispensable, une partie des hommes d'équipe, les ouvriers disponibles mis au fait des signaux, etc., et de les répartir sur la voie en profitant du passage du premier train, pour resserrer les rangs de la surveillance.

---

(1) En Autriche, chaque garde est constamment porteur de plusieurs pétards, contenus dans une boîte de plomb hermétiquement fermée.

Sans doute aussi les courants ne tarderont pas à rendre un nouveau service à l'exploitation des chemins de fer par l'application de la lumière électrique aux signaux. L'intensité si facilement variable à volonté de cette lumière offrirait en tout temps, et surtout en cas de brouillard, des garanties si précieuses; la possibilité de l'application est si évidente, qu'aucun problème de physique pratique n'est plus digne des recherches des hommes spéciaux.

Utilité de l'application de la lumière électrique aux signaux.

Trains extraordinaires.

Si la condition fondamentale est remplie, si les voies de circulation sont toujours libres ou couvertes, on est évidemment autorisé à établir ce principe : qu'à un instant quelconque un train ou une machine peut être expédié de chaque station, sauf la seule restriction relative au minimum réglementaire de l'intervalle des départs.

Ce principe a l'avantage de tenir le personnel constamment en éveil et de rendre ainsi la surveillance plus active, plus continue. Il est d'ailleurs nécessaire, ne fût-ce qu'au point de vue de *service de secours*. Mais si la faculté d'expédier inopinément des trains en dehors du service régulier doit rester inscrite dans les règlements, il faut que son application soit entourée de toutes les précautions possibles, car c'est elle, incontestablement, qui a causé les collisions les plus fréquentes et les plus désastreuses.

Les trains *spéciaux* sont loin d'ailleurs, dans l'état actuel de l'organisation des signaux, d'intéresser tous au même degré la sécurité. Ils se divisent en effet comme il suit :

I° Trains annoncés à tout le personnel: { *a* par un ordre de service, *b* par le train précédent;
II° Trains annoncés seulement au personnel des stations;
II° Trains non annoncés.

Différentes classes de trains extraordinaires.

La catégorie I° *a* comprend les trains dont l'expédition est prévue assez longtemps d'avance : les heures de passage sont notifiées alors à tout le monde, sur la voie comme dans les

Trains annoncés par un ordre de service.

stations. C'est un train qui vient s'ajouter à ceux du service ordinaire, mais qui comme eux, est attendu partout, trouve tout le monde à son poste et sur le *qui-vive*, les barrières des passages à niveau fermées; qui circule, en un mot, exactement dans les mêmes conditions que les trains réguliers.

Trains annoncés par le convoi précédent.

I° *b*. Si le temps manque pour faire passer un ordre de service, le train est annoncé, pendant le jour, par un drapeau et pendant la nuit, par un fanal additionnel, porté par le convoi précédent. Tout le personnel est encore prévenu, seulement l'heure du passage est indéterminée, surtout pour les agents de la voie, et pour les stations que le train porteur du signal franchit sans arrêt.

Trains annoncés aux stations seulement.

II°. Si le train doit être expédié d'urgence, le personnel de la voie n'est plus prévenu, mais celui des stations l'est encore, quand elles sont reliées par un système de communication électrique.

Trains non annoncés.

III°. Si cette communication manque, le train est inattendu pour tout le monde, et il n'a d'autres garanties de sécurité que l'exactitude avec laquelle le personnel de la voie et celui des stations observent la règle fondamentale de leurs fonctions, et la prudence dont le mécanicien auquel est confié un train de cette catégorie ne doit jamais se départir, surtout quand il aborde les points dangereux : stations, courbes, bifurcations, passages à niveau.

Les trains de la 3e catégorie peuvent être interdits.

Il est évident que les trains incontestablement très-dangereux, de la troisième catégorie, peuvent être formellement interdits, puisqu'il suffit, pour les faire rentrer dans la seconde, d'établir entre les stations une communication télégraphique, non moins utile d'ailleurs sous d'autres rapports.

Quant à l'annonce préalable au personnel de gardiennage, on ne pourrait songer à l'exiger d'une manière absolue, si elle devait rendre impossible l'expédition instantanée d'un train ou d'une machine; expédition que le service de l'État ou celui de l'exploitation elle-même peuvent réclamer impérieusement. Mais ces deux conditions ne sont pas incompatibles. L'annonce préalable fonctionne régulièrement sur la plupart des chemins de fer du nord de l'Allemagne, et le règlement du 29 juillet 1850, fixant les mesures de sûreté à observer par l'exploitation des chemins de l'État en Prusse la prescrit d'une manière absolue, en laissant d'ailleurs à chaque Direction le choix du mode d'exécution (1).

Sur les chemins à *une voie*, cette condition est, ainsi qu'on le verra plus bas, remplie d'elle-même, lorsque la correspondance de *station à station* que réclame impérieusement cette catégorie de chemins, est fondée sur l'emploi des télégraphes optiques. Mais il n'en est pas de même quand cette communication s'opère (et c'est aujourd'hui le cas général en Allemagne) au moyen du télégraphe électrique : disposition qui a sur la correspondance optique, dont les garde-lignes sont les intermédiaires obligés, l'avantage de restituer à ces agents une liberté et une mobilité très-favorables à la surveillance complète de la voie; mais, par contre, l'inconvénient de les laisser en dehors des communications signalant les trains.

Disposition adoptée sur plusieurs chemins allemands pour annoncer les trains à tout le personnel de la voie.

L'importance qu'on attache, dans le nord de l'Allemagne, à conserver sous ce rapport le caractère essentiel du télégraphe aérien, a déterminé sur plusieurs anciennes lignes, à conserver les appareils optiques eux-mêmes, concurremment avec le système électrique : et, sur les nouvelles, à modifier celui-ci comme il suit, de telle sorte qu'il remplisse à la fois les deux fonctions.

Le courant pénètre dans chaque maison de garde et y traverse le fil d'un électro-aimant qui fait jouer, par le mécanisme ordinaire des carillons d'avertissement, le marteau d'un timbre placé sur le faîte de la maison. Tous les timbres des maisons comprises entre la station de départ et celle vers laquelle le train se dirige, sonnent ainsi à l'instant même où le train quitte la première, et chaque garde est prévenu pourvu qu'il ne soit pas trop éloigné de sa maison, ou, en d'autres termes, pourvu que les cantons soient peu étendus. Le sens du train

(1) Voir la note D.

annoncé est d'ailleurs indiqué ainsi : une série de coups pour un sens, deux séries pour l'autre : le garde n'a pas besoin, pour être complétement renseigné, de compter les coups, qu'on multiple pour diminuer les chances de *non-perception* du signal : il suffit qu'il sache si le marteau a frappé une seule série de coups, ou deux séries séparées par un petit intervalle. Il est clair d'ailleurs que le passage inaperçu d'un signal n'est pas de nature à causer des accidents. C'est un surcroît de précaution dont l'effet est nul en un point, voilà tout. Car, pour être habituelle, l'annonce n'est pas rigoureusement obligatoire : l'état même de l'appareil télégraphique peut forcer à la suspendre accidentellement, et, averti ou non, chaque garde doit toujours regarder comme possible, à chaque instant, l'arrivée d'un train et agir en conséquence.

Emploi d'un fil unique pour les signaux adressés soit à la voie et aux stations, soit aux stations seulement.

Le même fil sert pour les signaux qui s'adressent à la fois, comme les annonces de trains, aux stations et au personnel de la voie, et pour ceux qui s'adressent seulement aux premières. Le courant doit évidemment, pour cette seconde catégorie de dépêches, franchir les électro-aimants de la voie sans faire sonner leurs timbres, condition remplie au moyen de l'artifice suivant. Il faut un courant beaucoup plus intense pour faire sonner les timbres de la voie que pour faire parler le récepteur ordinaire de la station : quand il veut s'adresser uniquement à celle-ci, l'agent chargé de l'expédition des signaux n'a d'autres précautions à prendre que de mettre, avant de commencer, trois ou quatre éléments en dehors du circuit; le courant passe alors en laissant muets tous les timbres de la voie (1).

Exagération du personnel qu'entraîne ce système.

Sous peine d'être illusoire, l'annonce des trains à tous les garde-lignes les suppose échelonnés à très-petits intervalles. C'est ce qui a généralement lieu en Allemagne, ou le bas prix des salaires permet ce luxe de personnel : quelques gouvernements ont d'ailleurs pour principe de rattacher aux chemins de

(1) Sur plusieurs chemins, une batterie spéciale est affectée à chacune des deux correspondances.

fer un grand nombre d'existences, et multiplient systématiquement les emplois inférieurs. Les conditions sont tout autres chez nous : l'exploitation des chemins de fer est d'ailleurs une industrie et, comme telle, elle peut et doit viser à une exploitation économique. Cette tendance est légitime, tant qu'elle ne va pas jusqu'à compromettre la sécurité.

Au point de vue de la surveillance de la voie, l'effectif du personnel de gardiennage et sa répartition n'ont rien d'absolu : ces deux éléments varient d'un chemin à l'autre, et d'une section à l'autre du même chemin, avec les conditions du tracé en plan et en profil, le nombre et l'importance des passages à niveau, etc. — Toujours considérable d'ailleurs au début de l'exploitation, le personnel peut être successivement réduit jusqu'à une certaine limite, à mesure que la voie et les talus se consolident, —que les remblais atteignent leur état d'équilibre, — que le personnel lui-même, voie, traction et mouvement est plus maître de son service, qu'en un mot tous les organes de cette grande machine, — hommes et choses, — fonctionnent avec plus de régularité et de précision. Un personnel de gardiennage assez nombreux pour que chacun de ses membres puisse rester constamment dans la sphère d'action du signal sans sacrifier la surveillance, aboutit, sous plusieurs rapports, surtout pour les lignes à faible trafic, à une véritable superfétation.

Limites auxquelles il paraît utile de restreindre le système indiqué.

Ce ne serait pas assurément un motif pour reculer devant l'accomplissement de cette condition, si elle offrait des garanties réelles à la sécurité; il ne faut pas marchander avec elle. Mais si l'utilité du signal est incontestable en ce qui concerne les points dangereux, il n'en est pas de même pour la plus grande partie de la voie. C'est donc seulement pour les stations, points essentiellement dangereux; pour les courbes, les passages à niveau, et les embranchements, que l'annonce électrique de tous les trains semble devoir être rendue obligatoire. Ainsi restreinte, l'application du système usité dans le nord de l'Allemagne serait d'autant plus facile, que l'étendue des cantons qui comprennent des courbes ou des passages à niveau est

2

toujours très-réduite; on la réduirait encore au besoin. Les timbres d'avertissement se trouveraient d'ailleurs, par la nature même des choses, placés en des points soumis généralement, même pendant la nuit, à une surveillance assez immédiate malgré la réduction du personnel nocturne; réduction justifiée par l'activité beaucoup moindre de la circulation, la clôture de la plupart des passages à niveau, et la portée plus étendue des signaux lumineux dans l'obscurité.

Service de secours.

Importance de la régularité de la marche des trains.

La régularité du service n'est pas seulement commode et utile; elle est aussi une précieuse garantie de sécurité, et pour les lignes à circulation considérable, une condition essentielle du développement complet de leur puissance de trafic. Il faut donc s'attacher à atténuer autant que possible l'influence des causes perturbatrices qu'il n'est pas toujours possible de prévenir.

Les causes de ralentissement et d'arrêt des trains sont tantôt permanentes, tantôt temporaires; il y a, par exemple, certaines avaries de la machine auxquelles un mécanicien, bon ajusteur, sait remédier promptement; de sorte que le train peut ensuite reprendre sa marche normale et souvent même racheter une partie du retard qu'il a éprouvé. Dans ce cas, l'expédition de la machine de secours est superflue; elle constitue même, dans l'état actuel des choses, un inconvénient grave qui se résume dans l'expédition sans motif d'un train extraordinaire *non annoncé*.

Inconvénients de l'expédition du secours *sur retard*.

Un retard, même considérable, ne suffit donc pas pour justifier l'envoi de la machine de réserve tenue constamment en feu, aux termes des règlements, dans chaque dépôt.

D'un autre côté, si le retard est causé par un accident grave ou non, mais exigeant l'intervention du secours, celui-ci est toujours tardif, parce que le dépôt ne l'expédie que lorsque l'heure normale de *l'arrivée des trains au dépôt* est atteinte et même largement dépassée.

Il y a plus : le secours est souvent insuffisant, parce que l'expéditeur, ignorant la cause du retard, la nature de l'accident, envoie seulement une machine, quand des agrès, le wagon de secours, et un supplément de personnel peuvent être nécessaires.

Avantages de l'expédition du secours *sur demande.*

Il est donc clair, qu'en principe, le secours devrait être expédié seulement quand il est nécessaire : et le seul moyen de constater sa nécessité, c'est d'attendre qu'il soit demandé.

Mais pour que ce principe si naturel puisse être appliqué, il y a une condition *sine quâ non*, un système de communication à la fois prompt et sûr entre chaque station, et le dépôt, ou plus généralement les deux dépôts qui la comprennent.

Motif qui empêche jusqu'à présent son application aux chemins à deux voies.

Comme ce système de communication, qui est la condition fondamentale de l'exploitation sur les chemins à une voie, n'est pas nécessaire au même titre sur les chemins à deux voies, on ne l'a pas établi jusqu'à présent, et la seule organisation logique du service de secours est dès lors impraticable pour cette catégorie de chemins;

Le secours est donc expédié *sur retard;* et comme c'est seulement dans le dépôt *d'aval* que le retard est connu, il en résulte que le secours est expédié de ce côté, même quand le train en détresse est beaucoup plus rapproché du dépôt *d'amont*, ce qui aggrave souvent outre mesure le temps perdu : tandis que le principe de la *demande* établi, le secours peut être demandé au dépôt le plus voisin, soit en avant, soit en arrière (1).

Avec une communication télégraphique de station à station, la demande n'a plus besoin d'être portée par exprès que jusqu'à la station la plus voisine, ou, plus exactement, à celle qui assure l'arrivée la plus prompte du secours soit de l'avant, soit de l'arrière.

En admettant pour le train cette faculté d'option, il n'est

(1) Ce principe est admis sur quelques lignes, mais seulement dans des limites très-étroites, par suite de la nécessité de faire demander le secours par un exprès. Au chemin de Paris à Lyon, par exemple, le secours est demandé par écrit à l'arrière, et arrive dès lors sur la voie occupée par le train et couverte dans ce sens, quand le train en détresse n'a dépassé le dépôt que de 6 kilomètres au plus.

pas impossible, il est vrai, que deux demandes se succèdent rapidement au même dépôt, — que la machine soit réclamée dans un sens quand elle a déjà été expédiée dans l'autre; mais une semblable coïncidence est à coup sûr bien peu probable; elle n'entraînerait d'ailleurs ni embarras ni hésitation: le train, averti télégraphiquement que le dépôt auquel il s'est adressé ne peut répondre à son appel, en serait quitte pour s'adresser à l'autre.

Communication immédiate du train en détresse avec le dépôt.

Une communication télégraphique comprenant toutes les stations serait même inutile au point de vue du service de secours; sous ce rapport, une simple communication de dépôt à dépôt la remplacerait avantageusement, grâce au système de *mise en rapport* immédiate du train avec le fil de la voie, expérimenté avec succès au chemin de fer d'Orléans, et qui ne peut manquer de devenir tout à fait pratique. — La demande instantanée étant transmise ainsi dans les deux sens, le secours est réclamé à la fois en avant et en arrière; mais il est facile d'annuler l'une des demandes, ce qui aurait lieu tout naturellement, par exemple, si on continuait à exclure les secours venant de l'arrière. Mais il est préférable de se réserver la liberté du choix; et on conçoit qu'une fois la communication établie avec les deux dépôts (soit directement, soit par l'intermédiaire des stations), il est facile d'indiquer à l'un d'eux qu'il doit considérer le signal comme non avenu.

Il va sans dire que le train en détresse se couvre à l'arrière, dans tous les cas: et de plus à l'avant, si le secours doit venir de l'*aval*; il est clair également qu'une fois le secours demandé, le train l'attend sur place, quand même il se retrouverait en état de poursuivre sa marche.

L'expédition du secours sur demande est si naturelle qu'elle aurait été dès l'origine, posée en principe, si le nombre et l'uniformité de la répartition des gardes-lignes permettaient de fonder sur eux un mode de communication rapide et garanti contre toute interruption. Elle était même admise sous cette forme imparfaite par le règlement du chemin de fer d'Amiens à Boulogne, avant la fusion de cette ligne avec le chemin du Nord; mais la transmission à son de cornet est trop précaire pour qu'on puisse compter sur elle pendant le jour, et elle est tout a fait impossible la nuit, avec le personel clairsemé de la surveillance nocturne (1).

L'intervention chaque jour moins fréquente du service de secours, n'eût certainement pas justifié l'organisation d'un personnel nombreux uniquement en vue d'une éventualité aussi rare. Mais aujourd'hui, il s'agit simplement d'utiliser plus complétement le merveilleux instrument mis par la science à la disposition des chemins de fer et dont les applications ne sont encore qu'entrevues. C'est à lui sans doute que l'exploitation des chemins de fer sera redevable un jour de cet immense bienfait : une sécurité complète.

Il n'y a plus de motif pour appliquer aux chemins à deux voies le mode vicieux de service de secours encore en usage.

2° CHEMINS DE FER A UNE VOIE.

Les chemins à une voie sont l'objet de quelques préventions injustes, fâcheuses surtout à une époque où le gouvernement et le public se préocupent vivement des ramifications des lignes principales, et de leur exécution économique.

La condition de faire circuler sur la même voie des trains marchant en sens contraire, apparaît à beaucoup de personnes comme inséparable de chances sérieuses de collisions.

Il n'en est rien (2).

Qu'un chemin ait deux voies ou qu'il n'en ait qu'une, dans certaines limites de trafic cela revient ou doit revenir exactement au même pour la sécurité : le danger de collision entre des trains marchant en sens contraire est facilement annulé d'une manière radicale. Les chances de rencontre entre des trains marchant

Dans certaines limites de trafic, les chemins à une voie présentent autant de garanties de securité que les chemins à deux voies.

---

(1) Voir la note E.

(2) Quelques exemples qu'on pourrait citer n'infirment pas cette assertion : il s'agit de ce qui *peut* et *doit* être, sinon de ce qui est.

dans le même sens subsistent seules, comme pour les chemins à deux voies : seulement il est vrai qu'elles *peuvent* être indirectement aggravées. La dépendance mutuelle des mouvements dans les deux sens tend à multiplier et à prolonger les retards, à troubler le service, à faire disparaître, en un mot, cette garantie précieuse, la régularité. Mais cette influence perturbatrice de l'exploitation sur une seule voie ne se révèle que quand on l'applique à un développement de chemin ou à un trafic spécifique trop considérables. L'inconvénient évident, irrémédiable des chemins à une voie, consiste dans l'infériorité de leur puissance de trafic, dans la limite moins élevée de l'activité de la circulation. Aussi, tant que cette limite n'est pas atteinte, tant qu'on ne force pas, pour ainsi dire, les conditions de sa nature, un chemin à une voie rend exactement les mêmes services et donne à la sécurité des garanties aussi complètes qu'un chemin à deux voies. Le premier est utilisé, le second ne le serait pas : voilà toute la différence.

Sur les chemins à deux voies, les croisements des trains circulant en sens contraires peuvent s'opérer partout (1) ; sur les chemins à une voie, ces croisements ont nécessairement lieu en des points déterminés pourvus *d'évitements*, et toujours placés dans des stations et même dans des stations d'une certaine importance, c'est-à-dire sous la surveillance immédiate d'un agent d'un ordre assez élevé.

Condition nécessaire et suffisante du service sur une seule voie.

Que la présence, entre deux évitements consécutifs, de deux trains marchant en sens contraire soit rendue matériellement impossible, et le vice originel qu'on est tenté au premier abord de reprocher aux chemins à une voie sera radicalement extirpé. Or il n'y a qu'un seul moyen pour remplir cette condition sans sacrifier à la fois et la puissance de trafic et la régularité du service ; mais ce moyen est infaillible : c'est d'établir entre les deux croisements un mode de communication sûr

(1) Il n'y a d'exceptions que pour les grands tunnels et quelquefois pour certaines stations. Au chemin de Lyon, par exemple, une mesure de prudence fort sage, et qui s'explique d'elle-même, interdit le passage de deux trains à la fois dans le souterrain de Blaisy.

et prompt. Avant d'expédier un train, le chef de la station d'*amont* demande à la station d'*aval* si *la voie est libre*, et il ne donne le signal du départ qu'après avoir reçu une réponse affirmative. Il sait d'ailleurs *à priori* si la voie est libre, car l'obligation étant réciproque, un train n'aurait pu être expédié vers lui sans que la même question lui fût adressée et sa réponse reçue. Les deux garanties s'ajoutent donc et constituent une certitude absolue.

Tel est le principe : l'infaillibilité de l'application est garantie par un ensemble, je dirais presque par un luxe de précautions de détail, si l'excès en pareille matière était possible.

On se retrouve donc ainsi exactement dans les mêmes conditions que pour un chemin à deux voies sauf, je le répète, la limite moins élevée de la circulation à laquelle se prête une seule voie, et les graves inconvénients qui surgissent si l'on veut dépasser cette limite, *mais seulement alors*.

Avant l'application du télégraphe électrique, la condition fondamentale d'une communication entre les stations de croisement était remplie au moyen de télégraphes aériens, appareils coûteux et dont la manœuvre, confiée aux gardes-lignes, était à peu près incompatible avec une bonne surveillance.

Ici encore, toutes les difficultés se sont évanouies devant la grande découverte qui a surgi, toute faite, immédiatement pratique, du simple rapprochement des travaux scientifiques de Volta, d'Œrstedt, d'Ampère et de Faraday ; et l'instantanéité de la communication directe permet d'échanger, sans la moindre perte de temps, une correspondance qui se contrôle par elle-même et exclut d'une manière absolue toute erreur, toute fausse interprétation ; ainsi :

Usage du télégraphe électrique et série de précautions pour l'expédition de chaque train.

1° La station de croisement A avertit la station B qu'un train est prêt à partir.

2° B reproduit ce signal (en général toutes les fois qu'une dépêche intéresse le sécurité, une réponse n'est valable qu'après avoir été précédée de la répétition de la demande).

3° Si la reproduction est exacte, A l'indique par un signal

conventionnel (un tour du cadran, par exemple, sur les lignes qui ont adopté les appareils de ce genre). B peut alors lui expédier la réponse. — Si la demande n'est pas exactement reproduite, A envoie le signal : *répétez*.

4° Si la voie est libre, B envoie purement et simplement le signal qui l'indique. — Si elle ne l'est pas, B annonce le fait et fait suivre cette réponse de l'indication de la cause.

5° Le signal *la voie est libre* reçu, A envoie encore le signal : *le train part*, et n'expédie le convoi que lorsque B a clos la correspondance par un tour du cadran, et exprimé ainsi que cette station n'a aucune observation à faire, et attend le train annoncé.

Avec un personnel exercé, tout cela se fait en moins de temps qu'il n'en faut pour l'indiquer.

Ce système permet non-seulement d'expédier des trains extraordinaires comme sur les chemins à deux voies, mais aussi *de déplacer les croisements* des convois, propriété précieuse, et qui réduit autant que possible l'influence perturbatrice d'un retard.

Déplacement des points de croisement des trains.

De deux trains qui doivent se croiser, le premier arrivé au point fixé pour la rencontre doit, en général, attendre l'autre ; il subit ainsi les conséquences d'un retard qui, s'il se prolonge, réagit sur les trains suivants. Mais heureusement cette influence d'un retard dans un sens, sur les mouvements dans l'autre, peut être fort atténuée, précisément dans le cas où elle tend à devenir excessive. Si, en effet, le train retardé l'est au point de n'avoir pas encore atteint le croisement *qui précède* le point de rencontre réglementaire, à l'instant où le train inverse atteint lui-même ce point, rien ne s'oppose évidemment à ce que celui-ci continue sa marche, et opère son croisement dans la station d'évitement voisine.

Le chef de la station où devrait régulièrement se faire le croisement sait à coup sûr, dès qu'un des deux trains arrive, si le *déplacement* est possible ; il sait, en effet, si le train *conjugué* marche ou non vers lui ; car dans le premier cas il a échangé avec le croisement voisin la série de signaux indiquée; dans le second, les deux télégraphes sont restés muets. Si le train en retard est annoncé, il faut l'attendre et retenir le train exact; mais si le premier n'est pas encore engagé entre les deux croisements, le chef de station expédie le second après avoir rempli, cela va sans dire, les formalités réglementaires : c'est alors le train tardif qui est, s'il y a lieu, retenu au second croisement jusqu'à l'arrivée du train régulier.

Déplacement multiple du point de croisement.

Il est évident que le même principe peut être appliqué identiquement du second croisement au troisième... L'accumulation des retards n'affecte donc gravement, en réalité, que le mouvement dans un seul sens, et on se rapproche beaucoup ainsi des conditions des chemins à deux voies.

En quoi consiste l'infériorité des chemins à une voie, comparés aux chemins à deux voies.

En somme, on le voit, la seule objection sérieuse contre les chemins à une voie — et c'est seulement une objection relative — consiste dans leur insuffisance pour un trafic considérable, et dans l'influence qu'exercerait sur la régularité du service, et par suite sur la sécurité, la concentration sur une seule voie d'un mouvement excessif.—On peut objecter aussi, il est vrai, que tout repose sur la transmission des signaux électriques, et que cette transmission peut être accidentellement interrompue par quelque accident survenu aux appareils, par la rupture du fil, ou déréglée par l'électricité atmosphérique. Cela n'est pas impossible sans doute; mais ces accidents sont extrêmement rares, et quand ils arrivent, on en est quitte pour se renfermer rigoureusement pour tout le mouvement dans les prévisions du tableau de service, c'est-à-dire pour renoncer, jusqu'à ce que la communication soit rétablie, à toute expédition de trains extraordinaires, à tout déplacement de croisement. Avec ce principe, en vigueur *ipso facto*, dès qu'une interruption dans la correspondance se révèle, tout est évidemment sauvegardé : le mal se réduit donc, pendant une suspension extrêmement rare, je le répète, et d'ailleurs très-courte, à une simple aggravation de l'infériorité des chemins à une voie sous le rapport de la puissance de trafic ; mais la sécurité reste entière.

L'obstacle n'a généralement besoin d'être couvert que d'un seul côté, comme sur les chemins à une voie.

On attribue ordinairement à l'exploitation sur une seule voie l'inconvénient d'exiger en cas d'obstacle, quel qu'il soit, que le signal soit fait dans les deux sens, parce qu'un train peut survenir à l'avant comme à l'arrière. On voit que ce reproche n'est nullement fondé, au moins en ce qui concerne l'obstacle le plus ordinaire, l'arrêt ou le ralentissement d'un train; c'est seulement à l'arrière qu'il faut le couvrir, exactement comme sur les chemins à deux voies. Le double signal ne doit être fait que quand l'obstacle résulte de l'état de la voie elle-même, c'est-à-dire d'une cause inconnue dans les stations. Le signal, urgent surtout du côté où un train est attendu, est alors indispensable également de l'autre côté; l'intervention de deux gardes-lignes est donc nécessaire, si l'on exclut, comme la prudence le prescrit en général, l'emploi de simples signaux provisoires plantés sur la voie, et abandonnés à eux-mêmes. L'exécution expéditive du double signal exigerait donc que les gardes-lignes fussent assez rapprochés pour pouvoir, au besoin, communiquer rapidement deux à deux. Il convient sans doute d'examiner attentivement à ce point de vue, dans chaque cas, le nombre et la distribution des agents de la surveillance. Mais les circonstances qui exigent le double signal se présentent très-rarement, et on a bien plus à se préoccuper de celles dans lesquelles le signal simple suffit.

Expédient proposé pour empêcher les collisions sur les chemins à une voie.

Sous l'impression d'un événement déplorable, mais qui ne peut évidemment mettre en cause les conditions mêmes de l'exploitation sur une seule voie, on a proposé tout récemment un expédient, déjà connu d'ailleurs, destiné à rendre impossible toute rencontre de trains marchant en sens contraire. Il consiste à affecter à chaque section comprise entre deux croisements consécutifs un agent spécial, sans lequel ni un train ni une machine ne peuvent s'engager sur cette section.

Toute collision est alors impossible, et non-seulement entre deux trains marchant en sens contraire, mais aussi entre deux trains marchant dans le même sens.

Cet expédient est en général impraticable.

Mais ce n'est pas seulement les collisions qu'on rend impossibles ainsi, c'est aussi le service lui-même, si ce n'est dans quelques cas tout particuliers. Voici, en effet, quelles seraient les conséquences de ce principe :

1° Interdiction de la circulation simultanée, sur une même section, de deux trains *marchant dans le même sens.* Ce qui suppose ou un trafic extrêmement restreint, ou des stations de croisement extrêmement rapprochées.

2° Impossibilité, au moins très-fréquente, d'expédier un train spécial, la voie fût-elle parfaitement libre d'ailleurs, car l'agent en qui seul réside le droit de circulation peut se trouver à l'une des stations extrêmes, quand c'est dans l'autre que l'expédition d'un train serait nécessaire.

3° Impossibilité même d'expédier du secours, soit sur demande, soit sur retard, soit de l'avant, soit de l'arrière, — à moins que l'agent indispensable n'aille de sa personne chercher le secours à la station.

4° Nécessité, même en admettant soit cette condition, soit une dérogation au principe dans ce cas, d'entretenir dans chaque station une machine de réserve en feu ; car l'agent dont il s'agit ne peut, en vertu même du principe qui constitue sa raison d'être, franchir sur une machine les limites de sa section ; et l'agent chargé de la section limitrophe pouvant fort bien n'être pas disponible pour amener la machine de réserve de l'extrêmité opposée de cette section, l'arrivée de cette machine courrait grand risque d'être indéfiniment ajournée.

5° Nécessité de renoncer à la précieuse faculté de déplacement des croisements, car cette faculté est fondée sur l'emploi des signaux, emploi que le système proposé proscrit comme dangereux, et auquel il se substituerait.

Cette idée qui a pu au premier abord, comme tout ce qui est absolu et simple en apparence, séduire quelques personnes, ne supporte donc pas l'examen. — Elle peut, à la rigueur, être appliquée à titre provisoire dans quelques cas particuliers, — à défaut de signaux, au début d'une exploitation peu importante, etc. ; mais il est évidemment impossible d'en faire la condition permanente d'une exploitation sérieuse. Si, d'ailleurs, un semblable expédient était praticable, il devrait être appliqué aux chemins à deux voies, exactement au même titre qu'à ceux à une seule voie; car encore une fois, pour les uns comme pour les autres, le seul danger réel est celui d'une collision entre deux trains marchant dans le même sens; — de plus, c'est dans les stations surtout que les chances de collision ont une certaine gravité; et, pour ces points, le danger subsiste évidemment au même degré, en dépit de l'expédient proposé.

Il est impossible de chercher en dehors d'une action régulatrice, incessante et instantanée, c'est-à-dire en dehors d'un bon système de signaux, les moyens de coordonner entre eux, malgré toutes les causes qui tendent à les dérégler, les mouvements des trains qui circulent sur un chemin de fer; et pour régler les rapports des deux mouvements inverses sur les chemins à une voie, le télégraphe électrique est le mode le plus simple, le plus sûr, le plus favorable à la régularité du service et à la surveillance continue de la voie.

Sécurité obtenue sur les chemins à une voie.

Ce système, combiné d'ailleurs avec un bon service de gardiennage, donne-t-il réellement à la sécurité des garanties complètes? Il est facile, en général, de prouver que tel ou tel ensemble de mesures préservatrices *peut* suffire; mais on est médiocrement avancé en pareille matière, tant qu'une expérience prolongée n'a pas prononcé.

Heureusement, l'expérience a répondu, non-seulement à l'étranger, mais aussi chez nous, et dans des circonstances plus concluantes et plus décisives encore, à certains égards, qu'en Allemagne.

Depuis six ans, l'exploitation du chemin de Montereau à Troyes (1) est fondée sur l'emploi continuel du télégraphe électrique. — Expédition des trains ordinaires, des trains spéciaux,

---

(1) En organisant avec un soin tout particulier ce service télégraphique, M. Herman, alors directeur de la ligne de Montereau, a préparé les voies à une application générale, fourni la preuve évidente de son efficacité, et rendu ainsi un service réel à l'exploitation des chemins de fer.

déplacement des croisements, demande de secours, tout s'opère conformément aux règles indiquées plus haut. — Or, depuis six ans, *il n'y a pas eu une seule collision sur cette ligne.*

Rareté du dérangement des appareils télégraphiques.

Son exemple est de nature à rassurer complétement sur la portée réelle des causes de dérangement auxquelles le télégraphe est soumis. Sous ce rapport, comme sous tous les autres, la télégraphie électrique est infiniment supérieure à la télégraphie optique. Manœuvrés par un personnel exercé, réglés et entretenus par un agent spécial, les appareils se dérangent fort rarement, et le mal est vite réparé. Quant à l'électricité atmosphérique, l'expérience prouve qu'elle a fort peu de prise sur des circuits d'une faible longueur, comme celui que forme un fil se fermant par la terre dans deux stations peu éloignées. Cette influence perturbatrice n'est rien, comparée à celle qu'exerce sur la télégraphie aérienne, son classique ennemi, le brouillard. — En fait, les chances d'interruption sont dès aujourd'hui presque nulles sur la ligne de Troyes; et il n'y a pas de chemin sur lequel les accidents soient plus rares.

On dira sans doute, et avec raison, que les résultats obtenus sur cette ligne tiennent à ce qu'elle est courte (100 kilom.), et à ce que son trafic est peu considérable. C'est précisément, en effet, parce qu'elle remplit les deux conditions — sans lesquelles l'exploitation sur une seule voie est inadmissible — d'une longueur et surtout d'un trafic modérés, que le succès a été si complet.

Le service télégraphique peut être d'autant plus simplifié que la ligne est plus courte, et le trafic moins actif.

L'organisation du service télégraphique peut évidemment être d'autant plus simplifiée que la circulation est moins active, et que la faible longueur du chemin atténue davantage les chances de retards prolongés. Rien n'empêche alors de laisser les stations peu importantes en dehors du système général des croisements reliés par une communication télégraphique; seulement on augmente d'autant la longueur des sections sur lesquelles deux trains ne peuvent être engagés en même temps en sens contraire; ce qui est ou sera indifférent pour beaucoup de lignes secondaires. A la limite, on arrive à n'avoir plus qu'une section unique, c'est-à-dire plus de croisement.

Mais, sur une ligne de quelque importance, il y a tout avantage à multiplier les croisements; s'ils ne sont pas nécessaires au point de vue de l'activité du trafic, ils sont toujours fort utiles comme instruments régulateurs, pour ainsi dire, par la latitude qu'ils offrent pour le déplacement des points de rencontre des trains en cas de retard.

On peut aussi faire périodiquement abstraction de certaines stations pourvues de croisements.

Il est clair d'ailleurs que l'existence d'un croisement et d'appareils télégraphiques dans une station n'implique nullement pour tous les trains l'obligation de s'y arrêter. Aux heures où le service a peu d'activité, pendant la nuit par exemple, rien ne s'oppose à ce que certains croisements soient considérés comme non avenus, et franchis dès lors sans arrêt par le train. La longueur des tronçons sur lesquels les trains contraires s'excluent, peut ainsi varier à volonté suivant une loi fixée par les ordres de service; on profite du petit nombre et de la plus grande liberté des trains pour accélérer leur marche, en supprimant les arrêts; et on donne, en outre, un peu de répit au personnel très-restreint des stations secondaires, temporairement affranchi des obligations relatives à la réception et à l'expédition des trains (1).

Sur les premiers chemins allemands pourvus seulement de télégraphes optiques, les gardes-lignes, intermédiaires de l'annonce des trains aux croisements, étaient par cela même avertis pour leur compte. Cette condition est encore réalisée sur plusieurs lignes, ainsi qu'on l'a vu plus haut, soit par une disposition convenable du télégraphe électrique, soit en conservant concurremment avec lui, le télégraphe aérien.

Reproduction par les gardes-lignes, au moyen de signaux aériens, des signaux électriques annonçant les trains.

On a adopté sur quelques chemins, sur celui de Berlin à Kœnigsberg par exemple, un système mixte, résultant de la combinaison de l'ancien et du nouveau système. Les signaux fixes subsistent, mais essentiellement comme signaux fixes de la voie s'adressant exclusivement aux trains : ils ne for-

(1) Voir la note F.

ment plus, nécessairement au moins, une chaîne continue capable de suppléer au besoin le télégraphe électrique. Dès que le timbre a sonné et annoncé l'arrivée et le sens du train, le garde ajoute au signal indiquant l'état de la voie, un signal additionnel reproduisant, dans le langage aérien, les deux indications du télégraphe électrique. C'est une garantie, car le train trouve dans ce signal la preuve qu'il est attendu, que le signal électrique a été entendu, et que l'indication du signal fixe est toute récente. C'est, en un mot, un moyen de contrôler l'exactitude et la vigilance du garde-ligne. Si le signal reproduisant l'*annonce* du train indique que la voie est libre, cette indication mérite toute confiance; tandis que si le signal d'*annonce* manque, le train ne doit accepter qu'avec défiance la seconde indication, et régler sa marche en conséquence.

Sans contester à cette disposition quelques avantages réels, il est permis d'y voir une extension exagérée de l'utile principe des signaux fixes appliqués aux points dangereux; on retombe ainsi dans l'inconvénient de limiter beaucoup trop l'exercice de la surveillance : inconvénient inhérent au principe de l'annonce des trains à tous les gardes-lignes, mais qu'aggrave encore la nécessité d'une manœuvre fréquente des signaux fixes.

En général, la condition d'avertissement préalable *à tous* les gardes-lignes paraît entraîner, pour les chemins à une voie comme pour ceux à deux voies, et par les mêmes motifs, plus d'inconvénients qu'elle ne présente d'avantages; il semble, en conséquence, convenable dans les deux cas d'en restreindre l'application aux *points dangereux* de la voie.

Trains extraordinaires.

Les règles relatives à l'expédition des trains extraordinaires sur les chemins à deux voies s'appliquent aux chemins à une voie, sauf cette restriction évidente d'elle-même : le chef d'une station de croisement, averti du départ d'un train qui se dirige vers lui, sait que la voie est impraticable jusqu'à l'arrivée de ce train. Il ne peut donc, jusqu'à ce moment, que différer l'expédition de tout autre train en sens inverse, et retenir ceux qui surviennent : c'est toujours le même fait, la moindre puissance de circulation de cette catégorie de chemins.

Service de secours.

Les chemins à une voie ne pouvaient manquer d'utiliser, pour le service de secours, le mode de communication complet qui est la condition essentielle de leur nature. Aussi ce service a-t-il été dès l'origine organisé sur des bases bien plus parfaites qu'il ne l'est encore aujourd'hui, comme on l'a vu, sur les chemins à deux voies, c'est-à-dire qu'il a été fondé sur la *demande* faite par le train en détresse.

Autres causes qui peuvent entraîner des collisions.

Quelques causes de collisions s'ajoutent à celles qui ont été examinées dans ce qui précède. L'une, déjà mentionnée, doit être éliminée par l'emploi des signaux; mais il faut reconnaître que, dans beaucoup de cas, elle échappe jusqu'à un certain point à leurs indications. Les autres en sont tout à fait indépendantes.

Ces causes sont :

1° Erreur d'un aiguilleur dans une station.

1° Une erreur d'aiguilleur, qui peut, ou faire faire fausse route à un train entrant dans une station et le diriger sur une voie occupée par des wagons, une machine, etc. : — ou causer un déraillement partiel, suivant le sens dans lequel les aiguilles sont placées;

2° Freins.

2° L'insuffisance, le mauvais état, ou la manœuvre trop lente des moyens de détruire la vitesse, et par suite leur action trop tardive en présence d'un signal d'arrêt;

3° Rupture d'un attelage sur une rampe.

3° La rupture d'un attelage sur une rampe et l'impossibilité d'empêcher le mouvement rétrograde, c'est-à-dire à *contre-voie*, de la portion séparée;

4° L'action du vent, lançant sur une portion de voie en pente des wagons en stationnement.

Les signaux fixes, solidaires avec les aiguilles, *et visibles de loin*, s'appliquent parfaitement aux changements de voie isolés tels que ceux d'embranchements, et permettent de les franchir en toute sécurité avec une assez grande vitesse. Mais l'application du même principe à chacun des changements de voie placés sur les voies principales, est évidemment impraticable dans les stations un peu compliquées. Tout ce qu'on peut faire est d'affecter à chaque changement un petit signal, visible seulement d'une petite distance, quand, en un mot, la voie l'est elle-même : et la multiplicité de ces changements, la confusion qui en résulte dans les signaux, rendent leur utilité directe très-faible quand le train entre lentement dans la station, et nulle s'il la franchit *en vitesse*. Ce qui importe d'ailleurs, ce n'est pas de savoir quelle est la voie *ouverte*, mais bien si la voie *ouverte* est *libre*.

Les signaux visibles à une petite distance sont ordinairement seuls praticables pour les changements de voie des stations.

Ces signaux sont cependant généralement usités en Allemagne. Chaque levier fait mouvoir, en même temps que les aiguilles, un arbre vertical portant un indicateur, éclairé pendant la nuit, et montrant de quel côté la voie est ouverte.

L'utilité de ces signaux paraît, je le répète, fort restreinte, à moins que les changements ne soient peu nombreux et que la station ne soit placée sur un long alignement. Sauf ce cas, ils n'ont guère qu'un avantage indirect : c'est que si les aiguilles sont mal placées, il y a plus de chances pour que le signal attire l'attention du personnel de la station, et notamment de son chef, qui doit toujours veiller par lui-même à la *liberté* des voies sous le rapport de la position des aiguilles comme sous tous les autres. C'est peut-être ainsi que le but de ces signaux devrait être expressément défini ; car la responsabilité, à l'égard des aiguilles, doit appartenir sans partage au personnel de la station. L'indication du signal fixe qui la couvre est absolue ; elle s'applique aux changements de voie comme à tout le reste, et le mécanicien auquel on fait ce signal : *la voie est libre*, n'a aucune restriction à supposer. Mais si l'utilité des signaux de changements de voie dans l'intérieur des stations est douteuse, il n'en est pas de même des changements placés à l'entrée, tels que ceux qui rattachent le groupe de voies d'une gare de marchandises à celui d'une gare de voyageurs. Ici les signaux sont utiles et possibles au même titre que pour les aiguilles des embranchements proprement dits : peut-être sont-ils trop négligés en France. — On ne saurait d'ailleurs se mettre trop en garde contre un danger qui est, aujourd'hui, un des plus sérieux ; aussi le ralentissement à l'entrée d'une station importante est-il une des mesures qui intéresse le plus la sécurité, et qui ne devrait souffrir aucune exception.

Quant aux trois autres causes indiquées, ce sont les plus faciles à prévenir par une surveillance exacte : aussi se produisent-elles très-rarement. Il n'entre pas, d'ailleurs, dans le plan de cette note de discuter les conditions d'établissement des freins, de comparer les nombreux systèmes mis en usage. Je me bornerai à indiquer, à titre de simple renseignement, les règles adoptées en Prusse, à la suite d'un examen attentif de la question, pour proportionner la puissance des moyens d'arrêt à la force vive accumulée dans le train et à la grandeur de la force accélératrice sur les pentes :

Nombre réglementaire des freins en Prusse.

De 0 à 0,0033,	les freins doivent agir sur	1/6 des roues des wagons pour les trains de voyageurs. 1/8 pour les trains de marchandises.
De 0,0033 à 0,005	*id.*	1/5 et 1/7.
De 0,005 à 0,010	*id.*	1/4 et 1/6.

Les freins doivent être à peu près également répartis. Le moindre nombre de freins exigé pour les trains de marchandises s'explique de lui-même : d'une part, leur vitesse est moindre ; de l'autre, le danger auquel il faut parer consiste surtout dans la rencontre, à l'arrière, d'un train de marchandises par un train de voyageurs. La puissance des moyens d'arrêt importe donc bien plus au second qu'au premier.

Les fortes rampes admises pour l'exécution de plusieurs nouvelles lignes devront appeler l'attention des ingénieurs sur le mécanisme, le nombre, et la distribution des freins. Dès à présent même, leur importance, au point de vue d'un mouvement rétrograde à maîtriser sur une rampe, est attestée par des faits bien connus, et la nécessité d'un frein sur le dernier wagon peut être regardée comme incontestable, même sur des rampes assez faibles, — de 4 ou 5 millimètres seulement, — dès que leur longueur est considérable.

Quant aux rampes exceptionnelles, on s'attachera certainement, et avec raison, à éviter l'emploi des wagons-freins spéciaux, qui complique et retarde le service. Mais il faudra bien que ces rampes soient, d'une manière ou d'une autre, l'objet de quelques mesures particulières. Le frein à transmission de mouvements, usité en Bavière, soulève des objections fondées. Cependant un appareil qui n'exige qu'un personnel très-restreint, qui s'applique à toutes les circonstances de profil, qui procure sur des rampes de 0,025 une sécurité complète (1), et dont l'usage vient d'ailleurs d'être simplifié, mérite assurément une sérieuse attention.

Wagons mis en mouvement par le vent.

Tout le monde sait qu'on s'oppose à l'introduction sur les voies principales, sous l'impulsion du vent, des wagons en stationnement, en cadenassant les voies de remisage. Cette simple précaution, prise aujourd'hui partout où le profil la rend utile, suffit évidemment pour écarter tout danger.

RÉSUMÉ.

1° L'instant où un train quitte une station doit-il être signalé à la suivante sur les chemins à deux voies, comme cela se pratique nécessairement sur les chemins à une voie?

2° Y a-t-il lieu de rendre également obligatoire l'annonce à tout le personnel *de la voie*, ou de la restreindre aux préposés à la surveillance des points dangereux : courbes, bifurcations, passages à niveau?

---

(1) Voir le mémoire intitulé : Des progrès des machines locomotives, et de leur influence sur les conditions de l'établissement des chemins de fer. (*Annales des mines*, 5e série, tome I, 1852, p. 353).

3° L'application des signaux-disques aux passages à niveau doit-elle être généralisée? Tire-t-on de ces signaux tout le parti possible, à l'égard des changements de voie placés *à l'entrée* des stations?

4° Le principe des signaux fixes couvrant les stations doit-il cesser d'être en vigueur pendant la nuit, lorsque le signal, invisible de la station, n'est pas placé à proximité d'un passage important dont le garde puisse veiller constamment sur l'état du fanal?

5° Est-il utile d'affecter, dans les stations, un indicateur à chacun des changements de voie?

6° L'expédition des trains extraordinaires doit-elle être restreinte aux cas d'une nécessité absolue, tant qu'ils ne sont pas annoncés aux stations et aux points dangereux de la voie?

7° L'organisation du service de secours doit-elle avoir pour base la *demande* du train en détresse? Convient-il de laisser au train la faculté de demander le secours soit en avant soit en arrière?

8° Jusqu'à quel point est-il impossible d'assujettir chaque train à laisser de lui-même, de distance en distance, et particulièrement à l'entrée des courbes, une trace de son passage destinée à avertir le train suivant, jusqu'à ce qu'elle devienne inutile par l'arrivée du garde-ligne? Ne peut-on même pas atteindre ce but sans faire intervenir aucun mécanisme?

9° Cette condition n'est-elle pas très-réalisable, *au moins pour les trains de marchandises*, c'est-à-dire pour ceux de la part desquels une semblable indication serait particulièrement utile?

10° Ne peut-on pas dès à présent utiliser la lumière électrique pour la production des signaux de nuit, et surtout en cas de brouillard, pour restituer aux signaux visuels une partie de leur efficacité?

11° Le personnel de gardiennage est-il toujours suffisant? est-il partout en rapport avec les conditions du tracé et surtout avec l'activité de la circulation, soit pendant le jour soit pendant la nuit?

12° Le parcours quotidien des mécaniciens ou les distances qu'ils franchissent d'un seul jet, n'excèdent-ils jamais les limites convenables, surtout pendant la mauvaise saison? Le froid, la pluie, le vent ne peuvent-ils pas, au bout de quelques heures, paralyser jusqu'à un certain point une attention qui doit être toujours en éveil, dont un seul instant d'oubli peut coûter si cher?

13° Le nombre des voies de garage pour les trains de marchandises est-il suffisant? L'établissement sur les lignes à grand trafic de voies de garage intermédiaires, en dehors des stations, doit-il être recommandé?

14° Les freins, supposés d'ailleurs en bon état d'entretien, sont-ils toujours assez nombreux? La présence d'un frein sur le dernier wagon n'est-elle pas indispensable sur certaines sections des lignes à longues rampes?

Telles sont les questions qui, à des degrés très-divers d'ailleurs, intéressent la sécurité de la circulation sur les chemins de fer. Les unes paraissent admettre une réponse explicite, générale : j'ai essayé de l'indiquer. Les autres ne sont pas susceptibles d'une solution aussi absolue, et les observations qui précèdent ne seront peut-être pas tout à fait inutiles pour l'appréciation des éléments propres à chaque cas.

Tout ce qui touche à une matière aussi délicate que l'exploitation des chemins de fer doit être présenté et accepté avec une grande réserve. Chaque jour voit éclore des propositions, des projets d'appareils de sûreté, dictés par les meilleures intentions unies à une ignorance complète des conditions fondamentales des chemins de fer. La discussion de ces conceptions serait donc sans utilité (1).— D'ailleurs, sans prétendre le moins du monde décourager l'esprit de recherche et d'invention, et assigner des limites au progrès, on peut affirmer que, pour obtenir une sécurité absolue sur les chemins de fer, il s'agit moins, aujourd'hui, de *faire du nou-*

(1) Voir la note G.

veau que d'appliquer d'une manière plus large et plus complète les moyens dont l'efficacité est établie par l'expérience.

Supériorité de l'exploitation des chemins de fer français, comparée à celle des chemins de fer allemands et anglais.

La pratique des chemins allemands peut fournir à cet égard, comme sous les rapport purement techniques, d'utiles indications. En empruntant à ces chemins des exemples dont les nôtres peuvent faire leur profit, je n'ai d'ailleurs nullement la pensée de proposer les premiers comme modèles aux seconds. Prise dans son ensemble, l'exploitation des chemins de fer français est incontestablement supérieure à celle des chemins d'Allemagne et d'Angleterre. Elle l'emporte sur la première par le nombre des trains, par la vitesse, par l'activité et la régularité du service ; sur la seconde, par l'installation et la tenue du matériel à voyageurs, par l'aménagement toujours commode et spacieux, souvent même grandiose des gares, par l'ordre qui préside aux départs et aux arrivées, à l'expédition des bagages, etc.—Quant à la sécurité, elle n'est certainement pas plus complète ni au delà de la Manche, ni au delà du Rhin, que chez nous. C'est un fait matériel, établi par des statistiques dont l'exactitude est à l'abri de tout soupçon (1). Malgré l'activité beaucoup moindre du trafic, malgré la simplicité relative du service, la chance d'accidents, c'est-à-dire le rapport du nombre des accidents au nombre des unités de trafic, est certainement au moins aussi élevée en Allemagne qu'en France.

Faut-il conclure de là que les mesures de sûreté en usage sur les chemins allemands, et dont j'ai recommandé l'emploi, soient inefficaces?

Non sans doute. D'abord, à l'exception de la Prusse, du

(1) A quelques exemples récents qu'on pourrait invoquer pour nier ce fait, il ne serait que trop facile d'en opposer d'autres. A peine ces lignes étaient-elles écrites, que les deux derniers wagons, heureusement inoccupés, d'un train de voyageurs étaient rencontrés et brisés par une machine près de Bamberg. Il serait puéril d'ailleurs de s'attacher à relever les accidents récents que les chemins de fer d'Allemagne ont eu à enregistrer, et dans lesquels les ruptures d'essieux, dont nous sommes complétement exempts aujourd'hui, entrent encore pour une assez grande part. Le fait avancé est, je le répète, incontestable, facile à vérifier, et des accidents isolés ne prouvent rien, ni dans un sens ni dans l'autre.

Hanôvre, du Holstein..., les chemins allemands sont généralement beaucoup plus contournés que les nôtres en plan et en profil. Cette infériorité des conditions du tracé est la conséquence inévitable de la configuration du sol, dont les difficultés ont été vaincues par les ingénieurs, avec un talent et une hardiesse fort remarquables. Mais elle exerce nécessairement sur l'exploitation une influence défavorable, au double point de vue de l'économie et de la sécurité. D'un autre côté, sans prétendre le moins du monde critiquer, en Allemagne, une organisation en harmonie avec le caractère de ses habitants, et un personnel qui suffit parfaitement à sa tâche, il est incontestable que chez nous l'une et l'autre se sont trouvés de suite, en général, à la hauteur de difficultés bien plus sérieuses. A quiconque envisage dans son ensemble la marche rapide de cette grande et puissante industrie, si récente encore chez nous, il est impossible de méconnaître, — abstraction faite de toute question de principes, — les immenses résultats obtenus par les compagnies au point de vue de l'exploitation technique : il est impossible de méconnaître que nulle part on ne trouve plus d'intelligence et de capacité au sommet, que nulle part les fonctions subalternes du service actif ne sont rehaussées par plus de délicatesse et de dignité, par un sentiment plus profond du devoir et de la responsabilité de chacun, par plus de présence d'esprit et de dévouement en face du danger.

Causes de la supériorité des chemins de fer français.

Avec tous les éléments dont on dispose, mis en œuvre par un tel personnel, il n'y a, pour obtenir bientôt une sécurité complète, qu'à le vouloir fermement, en ne reculant devant aucun sacrifice.

NOTES.

NOTE A (PAGE 10).

Ces signaux permettent aux trains qui circulent *du tronc vers la bifurcation*, de franchir le changement de voie sans ralentissement, pourvu que les éléments de celui-ci (angle de déviation et rayon de raccordement) s'y prêtent. Les changements *à rails mobiles* sont très-convenables pour le mouvement dans le sens indiqué, puisque, dans le cas très-peu probable, d'ailleurs, où les rails seraient mal placés, et où le mécanicien ne se conformerait pas à l'indication du signal, le train en serait quitte pour s'engager sur une fausse route, et pour rétrograder. Une collision entre deux trains marchant dans le même sens pourrait quelquefois, il est vrai, être la conséquence de ce fait, mais il suppose que l'aiguilleur et le mécanicien sont l'un et l'autre gravement en faute. Le changement à rails mobiles de l'embranchement de Versailles, établi à Asnières, et pourvu d'un grand mât de signal, fonctionne depuis quinze ans de la manière la plus satisfaisante. M. Clapeyron a heureusement complété la propriété d'être franchi *en vitesse*, que ce changement de voie doit à la petitesse de sa déviation (0,01125 : rayon, 540^{m}) par l'application d'un croisement mobile, qui fait disparaître toute solution de continuité. Ce croisement, placé à plus de 40 mètres de l'extrémité des rails mobiles, est manœuvré par le même arbre que ceux-ci, solidarité qui garantit matériellement la concordance de leurs positions.

Sur un chemin à une voie, ou, en général, si le changement devait être franchi dans les deux sens, l'erreur des aiguilleurs et l'inattention du mécanicien entraîneraient pour les trains marchant vers *le tronc* une conséquence plus grave, un déraillement. Les *aiguilles* sont alors préférables aux *rails mobiles*, dût-on pour cela sacrifier un peu de la petitesse de la déviation, à laquelle le premier type de changement de voie se prête moins bien que le second.

NOTE B (PAGE 14).

L'obligation du conducteur-chef à cet égard est quelquefois, par exemple, formulée comme il suit : « Il doit, en cas de retard notable dans la mar-» che, examiner s'il n'est pas nécessaire de se garer pour protéger le train » contre celui qui peut suivre. »

Il est incontestable qu'en visant à une trop grande précision, on court le risque de poser des prescriptions qui se trouvent en défaut dans certains cas particuliers. Mais la rédaction qui précède n'est-elle pas trop vague et trop générale? N'est-il pas nécessaire, d'ailleurs, d'exprimer formellement qu'en cas de ralentissement notable de la marche, le danger de collision devra être écarté par les signaux, et non pas seulement par la garantie médiocrement rassurante d'une saine appréciation des choses de la part du conducteur-chef, qui peut, d'ailleurs, se trouver éloigné de toute voie de garage?

Note C (page 15).

On a souvent reproché aux ingénieurs français de s'attacher trop exclusivement, sans se préoccuper de la dépense, à la perfection du tracé. Si c'était de leur part un parti pris, un principe inflexible, la critique serait fondée. Mais tout le monde s'accorde aujourd'hui, pour l'exécution des nouvelles lignes, à faire, aux exigences du terrain et de l'économie, toutes les concessions compatibles avec un bon service. Quant aux lignes déjà existantes, c'est-à-dire généralement les plus importantes, on doit aujourd'hui, moins que jamais, regretter les sacrifices faits pour se renfermer dans les limites d'un tracé *classique*. De longs alignements droits, de faibles pentes, des courbes de grand rayon, sont des conditions dont on a pu, à certains égards, s'exagérer l'influence sur la sécurité de la marche d'un tracé *considéré isolément*. Mais, par suite du développement inespéré du trafic sur les grandes lignes, cette influence du tracé sur la sécurité se révèle sous un autre point de vue, celui des *relations des trains entre eux*. De grandes courbes et de petites rampes sont, en effet, les conditions essentielles de la remorque de trains très-lourds, au moyen de machines réunissant une grande adhérence à une grande puissance mécanique, et permettront par suite de réduire le nombre des trains de marchandises.

L'activité de la circulation est telle sur certaines lignes, que la nécessité de débarrasser les voies conduit à imprimer aux trains de marchandises une marche plus accélérée que celle dont se contenterait cette classe de transport, qui tient plus à la régularité qu'à la vitesse. C'est, au point de vue économique, un inconvénient assez grave : les intermédiaires y trouvent le moyen de faire du chemin de fer un instrument de concurrence contre le chemin de fer lui-même, en organisant, au moyen du groupement des articles et d'un camionnage très-actif, un service qui offre, à peu près, la même célérité que le service direct de la *messagerie* par le chemin de fer. Aussi ce motif a-t-il quelquefois déterminé les compagnies à prolonger à dessein la durée du stationnement des trains de grosse marchandise dans les voies de garage.

NOTE D (PAGE 19).

Ce règlement accumule à l'égard de l'annonce des trains diverses prescriptions qui ne paraissent pas toutes également motivées.

Aux termes de l'article 39, le signal « le train part de la station la plus » rapprochée » *doit pouvoir* être adressé à tous les gardes (soit par le télégraphe électrique, soit par tout autre moyen). » Cette rédaction a pour objet de ne pas réduire à l'état de lettre-morte ce principe général, posé par l'article 1er, que la voie doit être constamment libre ou couverte, et qu'un train peut toujours survenir.

Cependant l'article 30 porte « qu'aucun train extraordinaire ne peut être » expédié sans avoir été préalablement annoncé à tous les gardes et à toutes » les stations de la section qu'il doit parcourir. » Prescription qui rend l'article 1er à peu près inutile, les trains ordinaires étant toujours attendus.

L'article 5 est ainsi conçu :

« On prendra des dispositions telles que l'arrivée des trains soit annoncée » aux gardes-barrières au moins cinq minutes d'avance. » L'utilité de la fixation de ce minimum résulte de ce que, pour les gardes très-rapprochés des stations, l'effet suivrait de trop près l'annonce, si le train partait dès que le signal est donné. Mais cette disposition rapprochée de ces termes : « le » train part de la station *la plus voisine*, » suppose que les convois s'arrêtent à toutes les stations, ce qui est en effet le cas ordinaire en Allemagne. Le règlement ne s'explique pas sur les voies et moyens pour les trains qui franchissent certaines stations sans arrêt; il suffit du reste qu'une station, prévenue que le train ne s'y arrêtera pas, fasse passer le signal à la station suivante, dès qu'elle le reçoit elle-même, au lieu d'attendre pour cela l'arrivée du train.

Le règlement conserve d'ailleurs (art. 40) pour tous les trains extraordinaires prévus avant l'expédition du train régulier qui les précède, l'obligation de l'annonce par celui-ci : — elle a en effet l'avantage d'avertir les équipes d'entretien.

NOTE E (PAGE 25).

Aux termes de l'article 31 de l'ordonnance du 15 novembre 1846, les garde-lignes doivent « signaler de proche en proche l'arrivée des con- » vois. » Cette prescription n'est pas et n'a presque jamais été exécutée dans toute son étendue. Elle exigerait en effet un personnel très-nombreux, et encore présenterait-elle difficilement le caractère de certitude indispensable en matière de signaux. Le chemin de fer de Paris à Lyon, qui est dans d'excellentes conditions de surveillance, a pendant le jour un garde pour 1500 mètres en moyenne; or, l'influence qu'exercent sur la transmission du son la direction et l'intensité du vent, ainsi que la configuration du terrain, ne permettent pas de compter sur l'efficacité d'une correspondance acoustique entre des agents dont la distance peut atteindre 3.000 mètres; il est incontestable, d'ailleurs, que le personnel du chemin de Lyon répond à toutes les exigences sous le double rapport de la surveillance de la voie, et des distances à maintenir entre les trains.

Note F (page 34).

Au chemin de fer de Montereau à Troyes par exemple, les stations de Payns, d'Hermé et de Chatenay sont placées en dehors de la correspondance pendant la nuit. Les chefs de ces stations établissent la *communication directe* après le passage du dernier train de jour, et sont alors affranchis de tout service. Leurs stations sont assimilées pendant la nuit au reste de la voie, et les signaux-disques eux-mêmes ne portent pas de fanaux.

Si on tenait, ce qui pourrait être nécessaire dans certains cas, à conserver la faculté d'adresser des dépêches à ces agents pendant la nuit, ils n'établiraient plus la communication directe, et fonctionneraient seulement comme *intermédiaires* de l'échange des signaux relatifs à l'expédition des trains, dont la marche ne serait nullement modifiée. Les noms des deux stations, limitrophes ou non, entre lesquelles est comprise l'étendue de chemin à laquelle s'applique la demande : *la voie est libre*, figurent toujours d'ailleurs dans la demande et dans la réponse. Il est facile, du reste, tout en permettant, dans certaines stations, l'établissement de la communication directe, de conserver la faculté de correspondre au besoin avec ces stations. Voici la note que me communique sur ce point M. Quillet, élève distingué de M. Bréguet, et qui a fait de la télégraphie électrique une étude approfondie :

« Pour pouvoir correspondre avec une station où la communication di-» recte est établie, il suffit d'y installer un électro-aimant pouvant rece-» voir un fort courant, dont la palette serait la détente d'une sonnerie » placée de manière à être entendue de la chambre du chef de station. Cet » appareil ne devrait se trouver dans le circuit que quand la communica-» tion directe aurait lieu. Avant de le faire manœuvrer, il faudrait pré-» venir la station avec laquelle cette communication est établie, de se » mettre en relation avec la terre pour préserver les appareils contre le fort » courant. Dans le service ordinaire, le courant n'aurait aucune influence » sur cet appareil. En cas d'orage seulement, il *fonctionnerait*, mais » comme paratonnerre, puisque l'attraction de la palette établirait la com-» munication avec la terre. »

On voit que le principe proposé par M. Quillet revient à celui sur lequel est fondée, en Allemagne, la correspondance avec la voie et avec les stations au moyen d'un seul fil.

Il faut quelquefois augmenter l'intensité du courant quand on augmente ainsi la longueur des circuits par l'établissement de la communication directe dans une ou plusieurs stations; peut-être n'est-il pas inutile de signaler à ce sujet l'ingénieux système de *relais* introduit dans la télégraphie électrique pour assurer la transmission des dépêches, quand le courant produit à la station d'expédition peut devenir trop faible par suite de l'allongement du circuit.

Note G (page 41).

Beaucoup de conceptions de ce genre acceptent les collisions comme un mal presque inévitable, et cherchent à atténuer leurs effets destructeurs, au moyen de parachocs élastiques. — Tout en s'attachant avant tout à rendre les collisions impossibles, il ne faudrait certainement pas dédaigner les moyens de les rendre moins désastreuses, s'il en existait de praticables; mais il n'y en a pas ou plutôt il n'y en a qu'un de quelque efficacité : c'est de faire le matériel à voyageurs très-massif. L'intensité du choc d'un wagon croît, il est vrai, comme sa masse, mais sa résistance croît plus rapidement. On a objecté qu'avec un matériel lourd on s'exposait bien plus, en cas de collision, à *briser* les voyageurs contre les parois des voitures. Cela est inexact : si un wagon est brusquement arrêté, c'est en vertu de sa masse individuelle qu'un voyageur contenu dans le wagon vient choquer les parois, et les effets de ce choc sur les personnes sont indépendants de la masse du wagon : tandis que cette masse est une garantie précieuse sous deux rapports : la résistance à la rupture, et la stabilité. Une machine *très-lourde* fonctionne également comme un bouclier qui protége très-efficacement le train en cas de collision en tête. La vitesse de la machine peut n'être que ralentie dans des circonstances où une machine légère serait brusquement arrêtée, et peut-être renversée.

Le matériel à marchandises doit au contraire être aussi léger que le permettent les conditions normales de son service, c'est-à-dire le chargement, et les réactions auxquelles les wagons sont soumis. On diminue ainsi non-seulement le poids mort, mais aussi la gravité des conséquences d'une collision entre un train de voyageurs, et la queue d'un train de marchandises.

PARIS. — IMPRIMÉ PAR E. THUNOT ET Ce, RUE RACINE, 26.

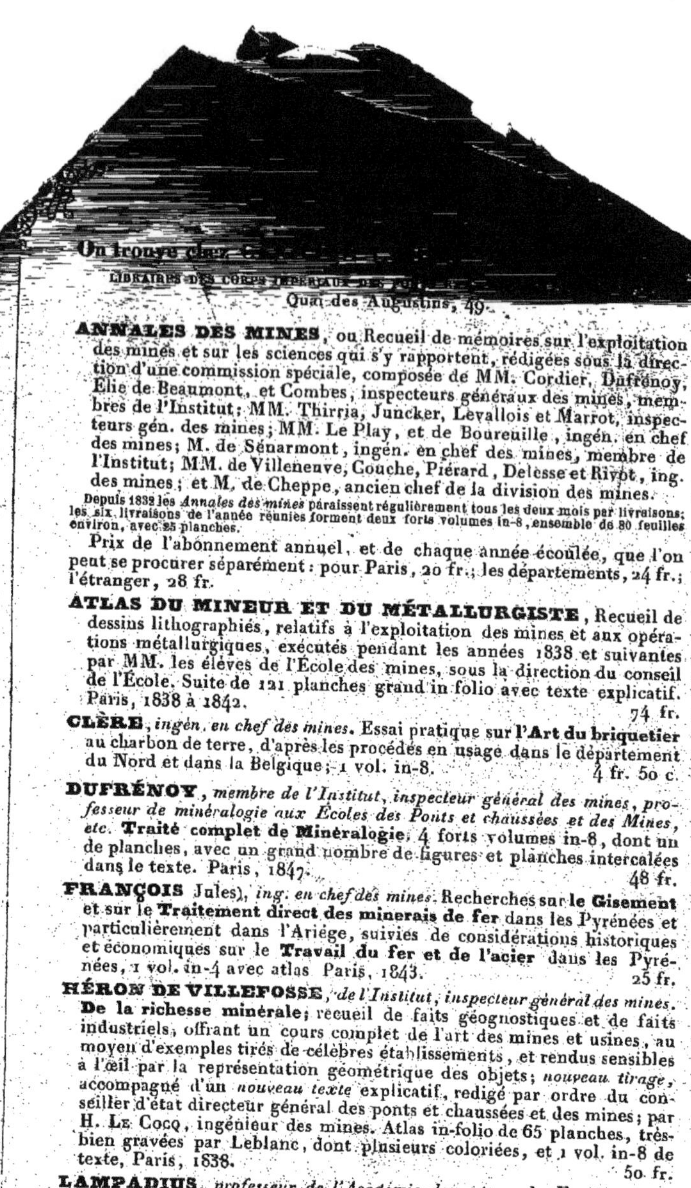

On trouve chez C[illegible]

LIBRAIRES DES CORPS IMPÉRIAUX DES PO[illegible]

Quai des Augustins, 49.

ANNALES DES MINES, ou Recueil de mémoires sur l'exploitation des mines et sur les sciences qui s'y rapportent, rédigées sous la direction d'une commission spéciale, composée de MM. Cordier, Dufrénoy, Élie de Beaumont, et Combes, inspecteurs généraux des mines, membres de l'Institut; MM. Thirria, Juncker, Levallois et Marrot, inspecteurs gén. des mines; MM. Le Play, et de Boureuille, ingén. en chef des mines; M. de Sénarmont, ingén. en chef des mines, membre de l'Institut; MM. de Villenenve, Couche, Piérard, Delesse et Rivot, ing. des mines; et M. de Cheppe, ancien chef de la division des mines.

Depuis 1832 les *Annales des mines* paraissent régulièrement tous les deux mois par livraisons; les six livraisons de l'année réunies forment deux forts volumes in-8, ensemble de 80 feuilles environ, avec 25 planches.

Prix de l'abonnement annuel, et de chaque année écoulée, que l'on peut se procurer séparément : pour Paris, 20 fr.; les départements, 24 fr.; l'étranger, 28 fr.

ATLAS DU MINEUR ET DU MÉTALLURGISTE, Recueil de dessins lithographiés, relatifs à l'exploitation des mines et aux opérations métallurgiques, exécutés pendant les années 1838 et suivantes par MM. les élèves de l'École des mines, sous la direction du conseil de l'École. Suite de 121 planches grand in-folio avec texte explicatif. Paris, 1838 à 1842. 74 fr.

CLÈRE, *ingén. en chef des mines*. Essai pratique sur **l'Art du briquetier** au charbon de terre, d'après les procédés en usage dans le département du Nord et dans la Belgique; 1 vol. in-8. 4 fr. 50 c.

DUFRÉNOY, *membre de l'Institut, inspecteur général des mines, professeur de minéralogie aux Écoles des Ponts et chaussées et des Mines, etc.* **Traité complet de Minéralogie**. 4 forts volumes in-8, dont un de planches, avec un grand nombre de figures et planches intercalées dans le texte. Paris, 1847. 48 fr.

FRANÇOIS (Jules), *ing. en chef des mines*. Recherches sur **le Gisement** et sur le **Traitement direct des minerais de fer** dans les Pyrénées et particulièrement dans l'Ariége, suivies de considérations historiques et économiques sur le **Travail du fer et de l'acier** dans les Pyrénées, 1 vol. in-4 avec atlas Paris, 1843. 25 fr.

HÉRON DE VILLEFOSSE, *de l'Institut, inspecteur général des mines*. **De la richesse minérale**; recueil de faits géognostiques et de faits industriels, offrant un cours complet de l'art des mines et usines, au moyen d'exemples tirés de célèbres établissements, et rendus sensibles à l'œil par la représentation géométrique des objets; *nouveau tirage*, accompagné d'un *nouveau texte* explicatif, rédigé par ordre du conseiller d'état directeur général des ponts et chaussées et des mines; par H. Le Cocq, ingénieur des mines. Atlas in-folio de 65 planches, très-bien gravées par Leblanc, dont plusieurs coloriées, et 1 vol. in-8 de texte, Paris, 1838. 50 fr.

LAMPADIUS, *professeur de l'Académie des mines de Freyberg*, etc. **Manuel de métallurgie générale** suivi d'additions extraites du supplément audit ouvrage publié par l'auteur, traduit de l'allemand, revu, considérablement augmenté et mis au niveau des connaissances actuelles, par G.-A. Arrault, ingén. des mines, ancien élève de l'École des mines de Paris. 2 vol. in-8 avec planches, 1840. 12 fr. 50 c.

PARIS. — IMPRIMÉ PAR E. THUNOT ET Cᵉ, RUE RACINE, 26.

www.ingramcontent.com/pod-product-compliance
Ingram Content Group UK Ltd.
Pitfield, Milton Keynes, MK11 3LW, UK
UKHW012259240726
13966UKWH00004B/1486